De la télépa

Étude sur la transmission de la pensée

Émile Hureau

Alpha Editions

This edition published in 2023

ISBN : 9789357950213

Design and Setting By
Alpha Editions
www.alphaedis.com
Email - info@alphaedis.com

DE LA TÉLÉPATHIE

Cette étude est parue d'abord, en partie, dans l'IDÉE LIBRE. Certes, on peut faire des réserves à l'égard de ces phénomènes curieux et de leur interprétation; on peut exiger des garanties et vouloir conserver un esprit scrupuleusement scientifique— il n'en reste pas moins nécessaire d'aborder franchement et avec indépendance l'étude des phénomènes dits occultes. C'est pourquoi nous croyons ne pas sortir de notre rôle d'éducateurs en publiant le texte complet du travail de notre collaborateur M. E. Hureau. L'IDÉE LIBRE

On désigne sous ce nom un ensemble de phénomènes qui révèlent une communication de pensées ou d'images, ou une apparition, à distance, sans intermédiaire matériel et sans le concours des sons ordinaires.

A l'heure où l'on échange des messages par la télégraphie sans fil, entre l'Europe et l'Amérique, à l'heure où le professeur Cessebotani a construit un appareil que l'on peut porter dans la poche et qui sert de «poste-récepteur de télégraphie sans fil»: sorte de chronomètre pourvu d'un cadran rond portant des signes et avec lequel on peut expédier et recevoir des télégrammes dans un rayon de 30 kilomètres;

Alors que l'instituteur F. Duroquier, dans le petit village d'Anché, près de Chinon, a réduit le poste récepteur de télégraphie sans fil à sa plus simple expression, sans antenne extérieure ni complication, et qu'il reçoit dans sa classe, ou plutôt dans le grenier au-dessus, les communications émanant des postes européens, à la grande distraction des petits garçons et petites filles;

Alors que l'on a même songé à utiliser les grenouilles (Voir le rapport de M. Ch. Lefeuvre, à la Société de Biologie du 25 mai 1912) pour enregistrer les signaux horaires que lance chaque jour le poste de T. S. F. de la Tour Eiffel, car la grenouille, dit le savant, est un galvanoscope extrêmement sensible;

Il serait invraisemblable, qu'après toutes ces découvertes, on se refusât à admettre la communication par ondes volontaires entre deux cerveaux, chacun d'eux formant, par le fait, un véritable «poste» qui vaut bien une cuisse de grenouille. Il est certain que de pareils messages sont à tout instant échangés, mais notre ignorance complète de la télépathie nous rend aussi incapable d'utiliser ce moyen de communication qu'un homme du siècle de Louis XIV serait incapable de comprendre ce que veulent dire les signes mystérieux imprimés sur la bande de papier d'un appareil Morse.

Pour nous qui savons que le progrès se fait par la science, par les découvertes et par le perfectionnement de nos sens, nous attribuons à cette question une importance capitale et nous pensons comme le professeur Georges Pouchet, qui écrivait dans le *Temps* du 12 août 1893:

«Démontrer qu'un cerveau, par une sorte de gravitation, agit à distance sur un autre cerveau, comme l'aimant sur l'aimant, le soleil sur les planètes, la terre sur le corps qui tombe, arriver à la découverte d'une vibration nerveuse se propageant sans conducteur matériel!...

«Le prodige, c'est que ceux qui croient peu ou prou à quelque chose de la sorte, ne semblent même pas, les ignorants! se douter de l'importance, de l'intérêt, de la nouveauté qu'il y aurait là-dedans et de la RÉVOLUTION *que ce serait pour la science, pour le monde de demain.*

«Trouvez-nous donc cela, prouvez-nous cela, et votre nom ira plus haut que celui de Newton dans l'immortalité, et je vous réponds que les Berthelot, les Darwin, vous tireront leur chapeau bien bas.»

Pour communiquer véritablement, il faut s'entraîner et se placer dans un état spécial.

L'Unité de processus est mathématiquement nécessaire dans la nature, et quelles que soient les différences existant entre la force psychique et la force électrique, quelle que soit la différence existant entre la volonté et la matière, toutes ces choses obéissent aux mêmes lois générales. Les courants psychiques, les ondes de pensées engendrent des attractions, des répulsions et des phénomènes analogues à ceux qui s'exercent entre les courants électriques.

La téléphonie sans fil est la transmission à distance de la parole, sans voie spéciale utilisée, ni fil conducteur, ni tube acoustique. Les ondes émises restent invisibles; étant sans sonorité, la parole n'est pas perceptible pendant le parcours. Il faut que le récepteur soit accordé et c'est lui qui prend la vibration, silencieuse en elle-même, et la transforme, pour notre sens auditif, en paroles, en sons.

Henri Hertz a démontré que la propagation des effets électro-dynamiques et d'induction, a lieu d'une façon analogue à celle des ondes sonores et lumineuses à travers l'espace. Deux diapasons étant à l'unisson, touchez l'un d'entre eux, l'autre résonnera aussitôt par sympathie. De même les deux appareils émetteur et récepteur, de la T. S. F., doivent être dans un accord électrique parfait.

Le cerveau émet des ondes particulières plus complexes, qui constituent une pensée qu'un autre cerveau en harmonie avec le premier peut recevoir. Aussi les exemples de télépathie se produisent le plus souvent entre des êtres liés par la sympathie, entre une mère et son enfant, des frères et des soeurs, entre jumeaux surtout.

Les vibrations de la pensée se propagent dans l'éther, ce fluide subtil, expansif, idéal, qui remplit les espaces et qui est le milieu, le médium transporteur de toutes les vibrations: de la chaleur, de la lumière, comme de la pensée. Quand je pense fortement avec mon cerveau physique, à une forme concrète et simple, je reproduis cette forme dans la matière éthérique et j'émets autour de moi des ondes éthériques. Quand les ondes mentales frappent un autre cerveau, elles tendent à reproduire en lui la même image. Ce n'est pas l'image qui est projetée, mais une série de vibrations qui reproduiront l'image. Cela ressemble au téléphone dans lequel ce n'est pas la voix elle-même qui est transmise, mais un certain nombre de vibrations électriques produites par la voix, et qui sont transformées en son dans le récepteur. Si l'on coupe le fil et qu'on écoute sans récepteur, on n'entend rien. Chaque espèce de pensée a un mode vibratoire propre, comme chaque son. C'est ainsi que les vibrations de la pensée, projetées avec intensité, se propagent au loin et peuvent influencer des organismes en affinité avec le nôtre. Des images, des messages flottent dans l'atmosphère, impressionnent les cerveaux ayant un rythme vibratoire semblable dans leurs pensées. De là, beaucoup d'idées, d'inspirations qui nous viennent, que, dans notre orgueil, nous nous attribuons, dont nous voulons nous croire les créateurs, les propriétaires, alors que nous les avons prises au vol, dans l'océan infini des connaissances, où règne le plus parfait communisme, tout le monde y puisant gratuitement.

Dans la T. S. F., l'étincelle électrique de l'appareil émetteur qui répand autour d'elle des ondes vibratoires, correspond au cerveau du suggestionneur; le tube de limaille du récepteur, qui est influencé par ces ondes occultes qui se transmettent instantanément sans souci des distances, c'est le cerveau du lecteur, du sujet, du médium; et pour qu'il y ait transmission, il faut que, dans l'une ou l'autre de ces télépathies, les deux postes soient accordés à l'unisson.

En somme, après avoir nié la télépathie, on s'apercevra que tout est télépathie, c'est-à-dire que tout est une transmission vibratoire à travers le fluide éthérique: qu'il s'agisse du transport de la lumière entre les astres, de l'influence de l'aimant à distance, du transport de la voix humaine ou de la pensée.

Télépathie: le vin qui fermente dans les caves au moment où les vignes sont en fleur et qui revient bientôt à l'état normal.

Télépathie: les sourciers, les baguettisants, dont le fluide nerveux est influencé par les cours d'eau souterrains ou les dépôts métallifères, cours d'eau et minerais qui émettent des radiations capables de faire osciller la baguette de coudrier que ces hommes tiennent en main.

Télépathie: l'expérience suivante: une femelle de papillon bombyx du Japon fut placée dans une cage en plein air aux États-Unis où ce papillon est inconnu;

un mâle marqué fut lâché à 4 kilomètres de distance. Ce mâle fut, dès le lendemain, capturé près de la cage. (Piéron, maître de conférences.)

Télépathie aussi le terrible engin construit par l'ingénieur Gabet: torpille que l'on peut diriger à volonté au moyen d'ondes invisibles. Longue de près de 9 mètres et pesant 4.000 kilogs, la torpille automobile, au moyen d'organes électriques très compliqués, placés dans l'engin même, reste constamment sous l'influence du poste qui la projeta dans l'Océan, et dont les ondes, selon la façon dont elles sont émises, agissent différemment sur l'appareil de l'engin qui peut ainsi changer de direction à volonté et éclater lorsqu'on le désire. Mais il y a mieux. Non seulement la torpille obéit à des ordres lointains et occultes, mais elle n'obéit qu'à eux, et les ondes hertziennes lancées par les navires qui tenteraient d'éloigner un aussi gênant voisin n'auraient aucune influence sur le terrible engin.

Reconnaître et admettre partout la télépathie entre les radiations de la matière et nier la télépathie possible entre êtres vivants, est un de ces paradoxes permis seulement à la faiblesse mentale de nos académies savantes...

C'est à Edmond Gurney que nous devons le premier essai d'expérimentation systématique du phénomène télépathique. Et c'est grâce à la *Société de Recherches Psychiques*, de Londres, composée des hommes les plus distingués de l'Angleterre, soit savants, soit philosophes, que l'attention des penseurs a été ramenée sur ces phénomènes. Cette société a publié un volume, sous le titre: *Phantasms of the Living*, où elle a groupé près de 1.500 faits dont elle a pu vérifier l'authenticité.

M. Mariller, maître de conférences à la Sorbonne, en a fait une traduction abrégée en français, précédée d'une magistrale préface de Ch. Richet.

Dans les expériences de la *Société de Recherches Psychiques*, l'opérateur et le percipient étaient placés dans deux salles différentes, ensuite dans deux maisons éloignées. Les pensées à transmettre étaient inscrites par les membres témoins et tirées au sort.

Les cerveaux se perfectionnant et se sensibilisant par l'évolution, le sens télépathique, sorte de sixième sens, sera aussi général et ordinaire que le sens visuel ou le sens de l'ouïe. Il paraîtrait que c'est la glande pinéale qui est l'ébauche de cet organe nouveau, de ce nouveau récepteur vibratoire.

La glande pinéale est un petit organe qui se trouve à peu près au milieu du cerveau. Sa place importante, son enchâssement entre les deux tubercules quadrijumeaux, sa construction, en font un organe mystérieux pour nos anatomos-physiologistes. Que vient-il faire au centre du plus noble organe? L'examen microscopique semble révéler les éléments d'un oeil bizarre: en avant, une sorte de cristallin; en arrière du cristallin, une cavité centrale remplie de liquide; une fausse rétine et comme les rudiments d'un choroïde.

Cet oeil pinéal est relié au cerveau par un ensemble de faisceaux nerveux, appelés pédoncules.

Les anatomistes ont voulu y voir un organe atrophié, un sens dégénéré. Un organe déjà en décadence au centre même du cerveau envoie d'évolution, représente une anomalie qui ne nous permet pas de nous incliner si vite devant les conclusions de l'anatomie comparée, mal interprétée dans ce cas. La glande pinéale nous paraît être, au contraire, l'organe télépathique en voie d'évolution. Une forte pensée concentrée entraîne un léger frisson dans la glande pinéale, un courant magnétique s'établit à travers l'éther cérébral et gagne l'éther extérieur pour aller atteindre un cerveau harmonisé, et l'image ou la pensée apparaît à l'oeil pinéal du sujet récepteur.

A l'exemple du docteur Gibert et de Pierre Janet, dont le sujet, Léonie, obéissait à la suggestion à un kilomètre de distance, le docteur Balme avait le pouvoir de transmettre mentalement sa volonté à une demoiselle de Lunéville. Il l'obligeait ainsi à venir dans son cabinet, à Nancy, réclamer ses soins. Un jour, ayant concentré et dirigé vers elle sa pensée, il prononça les paroles suivantes: «Venez, je vous attends par le train de midi.» A l'heure dite, la jeune fille entrait chez lui, disant: «Me voici.»

Le docteur Balme n'était pas arrivé à un tel résultat sans travail. Les premiers essais ne donnèrent aucun résultat. Tous les jours, à la même heure, et pendant longtemps, ils poursuivirent leur tentative. Les pensées échangées furent d'abord contradictoires. Un jour cependant un mot fut perçu avec exactitude; puis, par la suite, des phrases de quatre à cinq mots. Enfin, au bout de deux ans, ils communiquèrent à distance, à n'importe quel moment de la journée, en frappant d'abord quelques coups dans leurs mains[1].

[Note 1: *Bulletin de la Société des Études psychiques de Nancy*, avril 1901.]

Les entraînements ne sont pas toujours aussi longs, cela dépend des deux cerveaux en présence. Dans l'avenir, on commencera jeune, et il y aura dans les écoles de la «Société Future», un cours de télépathie pratique. La fonction crée l'organe. Une fois l'organe télépathique suffisamment développé, nous recevrons les ondes de pensée par la glande pinéale comme nous recevons les ondes sonores par le tympan.

Emile Boirac, correspondant de l'Institut et recteur de l'Académie de Dijon, a écrit un très bon ouvrage sur la *Psychologie Inconnue*. Il y cite (page 269) quelques faits de transmission de pensée, improvisée en quelque sorte, car il n'y a pas eu d'entraînement préparatoire.

C'est en faisant quelques expériences sur la transposition des sens qu'il fut amené à constater la transmission de pensée.

«Lud S…, les yeux bandés, endormi, venait de déchiffrer les premiers mots d'une carte postale en promenant les doigts sur le texte. Je lui mets entre les mains une photographie qu'il me décrit exactement.—Savez-vous son nom?»—«Pas du tout.»—«Donnez-moi la main et je vais vous le dire mentalement.» Presque aussitôt, il me donna le nom. Je renouvelai cette expérience sur d'autres noms et nous réussîmes très bien.»

Le docteur von Mautner-Marknof a rapporté le cas de «deux époux qui correspondaient entre New-York et Copenhague, chacun d'eux écrivant les nouvelles que l'autre lui communiquait par la pensée.»

Des cas de télépathie accidentelle se produisent fréquemment, et aujourd'hui le nombre relevé en est considérable. Les journaux, il y a quelques années, ont rapporté le fait suivant. Je reproduis ici le récit que le *Rappel* en a fait en son numéro du 14 janvier 1909, sous le titre: *Un miracle dans les décombres.* Ce rapport est le plus bref. Le récit donné par le *Matin* du 10 janvier est plus circonstancié. C'était durant le dernier tremblement de terre de Messine.

«_Le député Italien Casciani a raconté, à son retour de Messine, un très curieux cas de télépathie dont il a été témoin.

«Un soldat rêva que sa fiancée, qu'il croyait perdue, et qu'il pleurait, disait qu'elle était vivante et lui demandait de la sauver. Il fit part de son rêve à son capitaine, qui, très obligeamment, lui donna des compagnons et, après de fatigantes fouilles, on trouva, au bout de dix jours, la jeune fille bien vivante.

«M. Casciani, qui est un médecin de talent, a examiné la rescapée et l'a reconnue en bonne santé.

«Elle avait été trouvée couchée dans son lit, à moitié recouverte par les décombres; un seul oeil était libre par lequel elle distinguait très bien le jour et la nuit, mais elle ne pouvait faire aucun mouvement et ne pouvait crier pour appeler au secours. Enfin, elle a pu compter les jours de son ensevelissement et a eu l'intuition qu'elle ne devait pas mourir.

«Dans l'horrible position où elle se trouvait, la jeune fille avait toute sa lucidité d'esprit et sa pensée se reportait naturellement vers son fiancé, qui devait être son sauveur. Ce fut l'amour qui fut son viatique.

«Gageons que l'Eglise verra là un miracle et qu'elle s'en servira pour exalter la foi religieuse des malheureuses populations de la Sicile et de la Calabre, qui n'ont pas encore compris, au milieu des malheurs qui les ont si cruellement frappées, que le

Dieu qu'elles adorent serait le plus abominable des criminels s'il existait réellement._»

Un fait curieux s'est produit sous l'autorité judiciaire même, en 1888, au tribunal de Paimboeuf, avec le juge d'instruction H.-G. de Penenpron.

Un vol avait eu lieu, on avait arrêté le voleur, mais l'argent n'avait pu être retrouvé. Le juge d'instruction mit le voleur en communication avec un télépathe, Zamora, qui lut dans le cerveau du coupable la cachette de l'argent dérobé. Les recherches faites d'après ses indications amenèrent la découverte de la somme. Ce fait est judiciairement authentiqué, sous la signature même du juge d'instruction[2].

[Note 2: Voir récit plus détaillé de ce fait dans l'*Hypnotisme*, de Nizet, p. 132.]

Il se produit souvent des cas de télépathie sous forme d'apparitions au moment de la mort. Au milieu de centaines de ces faits contrôlés, je publierai, à titre d'exemple, un seul cas. Ce cas a été complètement authentiqué.

«_Le 14 février 1888, à Londres, Mme Florence Bruce se présenta dans les bureaux de l'India-Office, vers dix heures du matin, pour s'informer de son mari, le capitaine Arthur Bruce, en garnison habituelle à Peshawur, en mission accidentelle devant la passe de Khyber, sur la frontière de l'Afghanistan. Au fonctionnaire qui la reçoit, elle rapporte une apparition qu'elle a eue la veille au soir, au moment de se mettre au lit.

«Son mari s'est brusquement dressé devant elle pour disparaître presque aussitôt. Mais elle avait eu le temps de voir le capitaine vêtu seulement d'une chemise, de son pantalon d'uniforme et d'une paire de bottes. Il n'avait ni armes, ni tunique, ni coiffure. Sa poitrine et ses bras étaient couverts de sang.

«On rassura Mme Bruce en lui assurant que son mari ne pouvait avoir été tué ou blessé sans que l'administration en ait été avertie, et elle rentra chez elle à demi-réconfortée. Mais la nouvelle de la mort de M. Bruce arriva le surlendemain. Il avait été surpris avec sa petite troupe par une bande d'Afridis, au moment où il procédait à sa toilette et il était tombé frappé de plusieurs coups de lance aux bras et à la poitrine. Seulement, la dépêche officielle n'était pas d'accord avec la veuve sur la date de ce triste événement. Mme Bruce plaçait la mort de son mari à la date du 13 février, à une heure correspondant avec celle de son coucher, tandis que le rapport militaire adressé à l'India Office mentionnait que le capitaine avait été tué le 12, soit la veille, à une autre heure.

«L'aventure était déjà extraordinaire, mais le ministre de l'Inde—c'était alors M. Arthur Cross—eut la curiosité de demander une expérience de contrôle et, finalement, il se trouva que c'était Mme Bruce qui avait raison et que le rédacteur du rapport s'était trompé. Le capitaine avait été tué devant la passe de Khyber au moment précis où sa femme l'avait vu apparaître à Londres dans sa chambre à coucher._»

Une dame, à Londres, qui n'avait jamais été sujette à des rêves prophétiques, rêva que son enfant tombait en jouant devant la terrasse de sa maison du Northumberland, et restait étendu comme mort avec un bras cassé. Elle fit part de ce rêve à son mari. On sut bientôt par l'institutrice que le garçonnet était tombé sur un tas de pierres, s'était cassé le bras et était resté étendu sans connaissance[3].

Trousseau soignait chez un jeune homme une ophtalmie rhumatismale, et celui-ci lui dit: «Mon frère jumeau, qui est à Vienne, doit avoir en ce moment la même maladie que moi.» Le médecin rit, mais une lettre de Vienne vint confirmer ce dire quelques jours plus tard[4].

[Note 3: Crowe. *Nightside of Nature*, I, 54.]

[Note 4: Ruxel. *Histoire et philosophie du magnétisme.*]

Je pourrais citer des expériences personnelles. J'ai eu la chance d'être souvent en présence de personnes, femmes particulièrement, ayant grande sensibilité mentale.

Mme F…, sur laquelle j'avais entrepris une étude que des circonstances regrettables m'ont obligé d'abandonner, présentait des facultés vraiment merveilleuses. Sans la prévenir, je lui transmis plusieurs fois ma pensée, qu'elle me redit.

Je l'ai vue souvent présenter des faits comme celui-ci, que je garantis authentique: Mme F…, cause avec une dame sur le trottoir et, au milieu de la conversation, s'écrie: Mais, Madame, je vois votre mari blessé, qu'a-t-il donc?

—Oh! non, répond la dame, mon mari est parti ce matin à son travail et il se porte bien.

—Oui, mais je le vois blessé en ce moment, il saigne, on l'emporte.»

La dame rentre chez elle où on ne tarde pas à lui amener son mari dont l'oeil avait été atteint dans le Métro par une épingle à chapeau.

Lorsque je causais avec Mme F…, chez elle, elle interrompait souvent la conversation pour me dire: «Je vois telles personnes qui viennent me voir; je vais être forcée de les recevoir, cela va nous déranger.» Quelques instants après, elle recevait la visite des personnages annoncés.

Plus tard la sonnette d'entrée retentit de nouveau; en même temps Mme F… dit à son mari: «On va te demander au téléphone». Le mari va ouvrir et le concierge en effet dit: «On vous demande au téléphone.» Pendant que son mari descendait, Mme F… me dit: «C'est Mme Mélo qui demande par le téléphone que j'aille la voir.»

Après quelques minutes, M. F… remonte et, s'adressant à sa femme: «C'est Mme Mélo qui veut que tu te rendes chez elle; j'ai répondu que tu étais grippée et ne pouvais sortir.»

Ces faits sont à l'état constant chez Mme F… Toute la journée, elle reçoit des messages télépathiques, et je m'étais chargé de les contrôler, d'en vérifier le plus grand nombre.

Un soir que je faisais avec Mme F… des expériences de visions astrales ou fluidiques, ou par le sixième sens (peu importe le nom), elle me dit:

«Je vois un *incendie*. Cet incendie provient d'une *explosion*, je sens comme une *odeur* d'eau jetée sur de la cendre chaude; ce n'est pas à Paris, mais aux *portes de Paris*, dans la direction de Nanterre, mais pas à Nanterre, c'est dans la direction *Nord-Ouest*; il s'agirait d'une *usine* et je vois d'autres usines à proximité.»

Le lendemain, on pouvait lire dans le *Matin* (7 décembre 1911):

«Hier soir, une *explosion* a causé d'importants dégâts dans une *usine de Courbevoie*, 49, rue de Bitche.

«Des vapeurs d'essence de pétrole répandues par mégarde dans l'étuve servant à déshuiler la farine de moutarde prirent feu et une formidable explosion se produisit. Les portes et fenêtres de l'immeuble volèrent en éclats et *l'incendie* s'alluma immédiatement dans l'usine.»

D'après ce simple reportage, nous constatons que la voyante avait vu juste:

1° L'incendie; 2° par explosion; 3° hors Paris; 4° direction N.-O., aux portes de Paris; 5° dans une usine; 6° dans un pays où il y a d'autres usines.

Quant à l'odeur ressentie par Mme F…, elle peut s'expliquer par l'action de l'essence de pétrole enflammée sur la farine de moutarde.

Olivier Lodge, le grand savant américain, dans son discours à la réunion pour l'avancement des sciences, s'exprime ainsi, au sujet de ces phénomènes:

«_La découverte d'un nouveau mode de communication par une action plus immédiate, peut-être à travers l'éther, n'est nullement incompatible avec le principe de la conservation de l'énergie, ni avec aucune de nos connaissances actuelles, et ce n'est pas une preuve de sagesse que de se refuser à examiner des phénomènes, parce que nous nous croyons sûrs de leur impossibilité. Comme si notre connaissance de l'Univers était complète!

«Est-il donc impossible qu'une pensée ou image puisse être transportée d'une personne à une autre par un processus auquel nous ne sommes pas accoutumés, à travers un intermédiaire immatériel, éthéré peut-être?_

«Ici, j'ai l'évidence pour moi, j'affirme que j'ai vu et je suis parfaitement convaincu du fait. D'autres ont vu aussi. Pourquoi alors parler de cela à voix basse comme d'une chose dont il faut rougir? De quel droit rougirions-nous donc de la vérité?»

Au temps de la conquête de l'Algérie, les cheiks arabes initiés à ces procédés, étaient avisés de l'issue des engagements avant que le télégraphe ait pu en apporter la nouvelle aux autorités françaises. M. de Lesseps en rapporte des exemples curieux.

Les Anglais en fournissent de nombreuses preuves à propos de la guerre qu'ils engagèrent avec les Cipayes.

Il y a un ensemble considérable de phénomènes dans notre vie dont le déterminisme n'est pas connu et que l'on attribue au hasard. Un grand nombre de ces phénomènes sont dus à cette cause: l'influence réciproque que les individus exercent les uns sur les autres par leurs vibrations cérébrales.

«On ne saurait nier *a priori*, écrit M. Fouillée, que certaines ondulations cérébrales ne puissent se transmettre au loin et produire un effet sensible sur les cerveaux en sympathie[5]».

[Note 5: *Psychologie des Idées-Forces*, t. II, p. 394.]

D'ailleurs, on a réussi à photographier la pensée elle-même, confirmant ainsi qu'elle est bien un mode vibratoire.

Une personne se place devant un appareil renfermant une plaque sensible et pense fortement à quelque chose dont elle essaie de se figurer le plus exactement possible les contours et l'image, à un chien, par exemple, et lorsqu'on révèle cette plaque on voit apparaître un chien. Le docteur Baraduc, qui s'est fait une spécialité de ces expériences, avait une collection remarquable de ces photographies de l'invisible. Le cliché qui m'a le plus impressionné est celui qui a été obtenu en plaçant devant l'appareil une mère qui avait perdu son petit bébé et qui se le représentait cérébralement avec force. Le cliché reproduit le bébé étendu mort sur sa couchette comme la mère l'avait vu lorsqu'il expira et comme elle se le représentait au moment de reproduire sa photographie.

La photographie de la pensée prouve objectivement que la pensée est un mouvement vibratoire, comme la parole est un mouvement vibratoire, comme la lumière, la chaleur et tous les phénomènes naturels. Nous savons scientifiquement que tout mouvement vibratoire est transmissible par les atomes fluides qui se le repassent de l'un à l'autre. Nier la télépathie est faire preuve d'ignorance.

Ce qui a empêché de concevoir ces choses plus tôt, ce sont les philosophies subjectivistes par lesquelles on niait l'objectivité des phénomènes. Or, la vérité est inverse, non seulement le monde extérieur est objectif, composé d'une substance réelle en mouvement (même lorsqu'elle ne tombe pas sous nos sens actuels), mais le plus profond de nous-même, notre entendement, notre être intime, notre conscience même est objective, car il n'y a pas de conscience en dehors de la sensation et il n'y a pas de sensations sans vibrations d'une substance. Notre pensée est un mouvement vibratoire aussi réel que la parole, mais mille fois plus complexe, et si l'humanité était plus savante, elle ramènerait ainsi l'Idée, la Pensée, la Conscience à la mathématique et à la mécanique avec autant de précision qu'on le fait pour la parole. En attendant, la plaque photographique confirme déjà ce que nous avançons[6].

[Note 6: Les lecteurs studieux qui voudront arriver à comprendre la possibilité et la mécanique de ces phénomènes, ainsi que d'autres faits étranges dont *L'Idée Libre* pourra entretenir ses lecteurs plus tard, devront faire une étude du «Secret de l'Univers devant la Science officielle», par E. Hureau.—En vente à *L'Idée Libre* (5 francs).]

On a dit: «le cerveau secrète la pensée comme le rein secrète l'urine». Si choquante, si puérile, si fausse que soit une telle comparaison, elle a fait école. Mais une secrétion est quelque chose de matériel, toute le monde voit l'urine. Mais quel savant a vu la pensée dans son laboratoire et en a fait un examen dans des tubes d'analyses? Un histologiste anglais, plus sérieux, disait au contraire que, bien qu'ayant passé une partie de sa vie à regarder au microscope des fragments de matière cérébrale, à suivre les formes des cellules, les trajets des fibres, le groupement des faisceaux, cela ne lui avait rien appris sur la pensée et il ajoutait que celui qui se borne à regarder des structures matérielles reste aussi étranger aux phénomènes de l'esprit que le cocher de Londres qui parcourt sans cesse avec son cab les rues de la grande cité est ignorant de ce qui se dit et se fait à l'intérieur des maisons.

Un savant qui découpe des tranches de cerveau pour y trouver l'explication des systèmes de la pensée est aussi ridicule qu'un enfant qui découperait les fils, bobines et ressorts d'un sonnette électrique pour comprendre son fonctionnement. Il n'y trouverait jamais le fluide impondérable qui l'anime et il pourrait dire que l'appareil secrète le son comme le foie secrète la bile.

La Télépathie au point de vue pratique

Pour pratiquer la télépathie, deux conditions sont nécessaires. Ce sont, d'une part, chez l'opérateur, la concentration et l'extériorisation de la pensée. Pour agir mentalement à distance, il faut se recueillir ou diriger sa pensée avec persistance vers le but choisi. On provoque ainsi un dégagement partiel de l'être psychique et l'on crée un courant de vibrations qui nous unit à notre correspondant. Chez celui-ci, un degré suffisant de sensibilité est nécessaire. Là, comme en tout, le succès dépend de la persévérance.

Quand vous avez trouvé une personne de bonne santé, mais sensitive, impressionnable, vous pouvez essayer avec elle la transmission de pensée.

Bandez-lui les yeux, qu'elle tende un moment tous ses muscles, chasse toute préoccupation extérieure, qu'elle crée le vide en son cerveau. Alors elle devra prendre vos mains entre les siennes, les porter une ou deux minutes à ses tempes pendant que vous pensez mentalement: «Je veux que tu obéisses».

Le sujet ainsi préparé, vous lui ferez savoir que vous allez lui transmettre une des deux injonctions mentales suivantes: en avant ou en arrière. Il posera très légèrement les doigts de sa main gauche sur la face interne de votre main droite, votre bras droit replié à 90 degrés, sans raideur.

Après quelques séances de répétition, le sujet devra se sentir entraîné et pencher du côté que vous avez voulu mentalement.

Ensuite, vous essaierez avec les injonctions de le pencher à droite ou à gauche. Puis vous réunirez les quatre injonctions: en avant, en arrière, à droite, à gauche.

Le suggestionneur doit être énergique, convaincu, capable d'effort mental. Il peut graduer les entraînements d'après son intelligence personnelle. Le sujet doit prendre comme suggestionneur une personne très sympathique, la sympathie étant la conséquence de deux fluides qui s'attirent, s'accordent. Commencer les entraînements seuls, car les pensées des assistants troublent l'atmosphère mentale, à moins qu'ils soient solidaires de vos expériences.

Ensuite, vous entreprenez, par exemple, l'expérience suivante:

Vous faites asseoir votre sujet dans une chaise confortable, la figure tournée vers un coin de la chambre. Vous pouvez lui bander les yeux et lui remettre crayon et papier. Vous prenez un paquet de cartes à jouer et allez vous placer à quelque distance derrière le sensitif. Tirez une carte. Attachez-vous d'abord à la couleur: rouge ou noire; puis trèfle, pique, coeur ou carreau; ensuite, vous essayerez de transmettre la valeur de la carte: as, roi, dix, etc. La personne qui doit recevoir le message notera l'information qui lui viendra. Après quelques essais, on transmettra des messages très exacts. Dès que les organisations mentales des deux personnes sont en harmonie, on peut expérimenter avec des pièces de monnaie, des mots isolés, de courtes phrases et plus tard des messages de n'importe quelle longueur.

En prenant du sel, du sucre, du vinaigre, etc., dans la bouche, on peut transmettre le goût à la personne qui joue le rôle de récepteur. En demandant à une personne éloignée de se rendre passive à une certaine heure, et de prendre note des pensées qui lui viendront, on obtiendra les mêmes résultats.

On a fait aussi les expériences suivantes: on plaçait un sujet dans un angle de la pièce, face au mur et les yeux voilés; les opérateurs réunis autour d'une table, à trois mètres derrière lui, fixaient intensément leurs regards sur un objet quelconque placé sur la table en pleine lumière, et le sujet impressionné par la volonté des opérateurs nommait ou dessinait l'objet.

Pour les sujets qui voudraient pousser plus loin ces expériences, un régime devient nécessaire, végétarisme de préférence, du thé plusieurs fois par jour, et, matin et soir, une heure d'isolement, de concentration, de méditation. Alors, un sixième sens, que l'on peut appeler le sens astral, se développe.

Puisque les anarchistes veulent surtout se modifier eux-mêmes avant de modifier les autres, c'est en développant des facultés nouvelles qu'ils s'individualisent.

La télépathie ou sixième sens va enrichir le cerveau d'images nombreuses venant du plan astral qui actuellement échappent à nos cinq sens comme échappent à un aveugle les vibrations spéciales ou images qui n'impressionnent que le sens de la vue. Tout sens ne répond qu'à un certain ordre de vibrations, tout ce qui est en dehors de ce mode est obscurité, néant, pour ce sens. Toutes les vibrations d'une certaine forme et vitesse sont néant pour l'ouïe, mais affectent l'oeil, sans lequel un aspect de l'univers serait inexistant; toutes les vibrations plus lentes à larges amplitudes sont néant pour l'oeil, mais affectent l'ouïe. Chaque sens nous révèle une partie de l'Univers ou un *plan* de l'Univers: le plan auditif, le plan optique, etc. Un nombre infini de vibrations, c'est-à-dire d'images, d'êtres et de choses échappent encore à l'organisme humain dont l'évolution n'est pas terminée. Le sens télépathique nous révélera les images d'un autre plan, qu'on peut appeler le plan astral.

La faculté de voir à distance et à travers les corps opaques ne nous paraît extraordinaire, incompréhensible, que parce qu'elle constitue un sens dont nous ne jouissons pas encore dans l'état normal. Les aveugles de naissance ne comprennent pas qu'un fluide lumineux est l'intermédiaire qui nous met en rapport avec les objets éloignés et nous en apporte l'image. Sans la connaissance des propriétés du fluide odique, magnétique ou nerveux (atomes vitaux renfermés dans les conduits nerveux et les plexus organiques, atomes suréthérés, moins denses et plus vibrants), nous ne comprenons pas la vue sans le secours des yeux. Pourtant, en nous plaçant dans certains états, actuellement provoqués et artificiels, mais naturels pour l'avenir, nous pouvons voir comme avec les rayons Roentgen et mieux encore. C'est ce qui a lieu dans le vrai somnambulisme.

«Une somnambule douée de la vision à travers les corps opaques fut mise à notre disposition, écrit le docteur J. Charpignon dans son admirable traité de *Physiologie du Magnétisme,* dont nous recommandons la lecture. Nous lui collâmes les yeux avec plusieurs bandes de papier collant, nous recouvrîmes cet appareil d'un bandeau qui descend jusqu'aux narines et les bords de ce bandeau sont aussi collés sur la peau des ailes du nez, fermant la plus minime fissure. Alors nous donnâmes à la somnambule des objets divers, elle les nomma aussitôt, nous ouvrîmes un livre, elle lût très couramment, etc.».

Le somnambulisme dont nous parlons n'a rien à voir avec ces femmes aux yeux mal bandés que l'on voit dans Paris, sur les places ou dans les fêtes. Il s'agit là de mots conventionnels employés par le camelot qui joue le rôle de magnétiseur et la réponse de la prétendue somnambule est contenue dans la question de son associé. Ces méthodes sont en vente dans les commerces de prestidigitation et ne demandent que quelques semaines d'entraînement.

En nous isolant du monde physique, en fermant chaque jour nos sens extérieurs pendant un temps régulier, à heure fixe, nous permettrons au nouveau sens de fonctionner, de recevoir les images invisibles.

La science est arrêtée dans une impasse, elle ne peut plus dans l'étude des phénomènes supérieurs de la vie, de la pensée, de la clairvoyance, du spiritisme, se baser sur l'observation qui est sa méthode. Les méthodes employées jusqu'ici ne peuvent aller plus loin, puisque nos sens actuels ne répondent pas à la délicatesse, à la subtilité des ondes d'un autre ordre, des vibrations d'un rythme plus complexe. Sous nos sens matériels et grossiers pouvait tomber la matière dense, mais l'autre: la matière subtile et ce qui s'y reflète, s'y photographie, y palpite, n'est plus de leur domaine. Alors le progrès est fini?—Non. Car un sixième sens s'élabore pour nous montrer des choses, occultes aujourd'hui, mais objectives quand nous les verrons.

Aussi commençons-nous seulement aujourd'hui à pouvoir comprendre cet aphorisme, dédaigné, incompris:

«Aphorisme 255.—Si l'extension d'un sens (du sens de la vue par le télescope) a pu produire une révolution dans non connaissances, quel champ plus vaste encore va s'ouvrir à notre observation, si, comme je le pense, l'extension des facultés de chaque sens, de chaque organe peut être portée par le magnétisme aussi loin et même plus loin que les lunettes n'ont porté l'extension de la vue; si cette extension peut nous mettre à portée d'apprécier une multitude d'impressions, de les combiner, et par là de parvenir à une connaissance intime et particulière des objets qui les produisent.»

(*Mémoires et Aphorismes*, par Mesmer).

Ces connaissances et vibrations nouvelles enrichiront notre système de pensées, notre mental, notre corps mental: combinaison d'atomes spéciaux vibrants distribués en conduits et circonvolutions. Nous avons chacun notre corps mental siégeant dans le cerveau, comme chacun notre intestin, notre estomac; il a été constitué par l'ensemble des images photographiées dans son sein et disposées, comparées, arrangées par notre entendement.

Nous appelons «lumière» certains mouvements affectant l'oeil; nous appelons «pensée» certains mouvements affectant le mental. Ce sont toujours des vibrations.

Chaque mental a sa constitution propre, résultat de ses opérations antérieures; aussi chacun de nous contemple-t-il le monde extérieur à travers son mental. Bien que vivant dans le même Univers et dans la même société: les images, les événements, les phénomènes étant extérieurement les mêmes—nous voyons tous différemment. Les syndicalistes, les socialistes, les catholiques regardent les mêmes choses et voient souvent le contraire.

«Empruntons une comparaison à la lumière, écrit Annie Besant. Si nous mettons un morceau de verre rouge devant nos yeux et si nous regardons des objets verts, ils nous paraîtront noirs. De même si nous regardons un objet bleu à travers un verre jaune». Notre sphère mentale étant déjà en activité, ayant déjà sa couleur (du rouge révolutionnaire au blanc royaliste) le panorama social se teinte pour chacun de nous différemment. Il existe des individus qui, mis en présence, n'ont aucune vibration qui puisse se répondre: ils se haïssent du premier coup.

Le mental est comme un aimant, il attire et il repousse. Si nous avons donné à notre corps mental une nourriture intellectuelle choisie, s'il vibre d'un mode sage, scientifique, élevé, tout ce qui est faux, hypocrite, viendra se choquer contre ce corps mental et rebondira «comme une pierre qui heurte une roue en mouvement.» Nous ne pourrons plus recevoir que ce qui est juste, raisonnable, sage, et toutes les incohérences, toutes les folies, seront chassées. Ainsi les Garnier, Bonnot, Valet, Callemin, n'auraient pas été accessibles à de tels égarements. Ils ont privé l'humanité de leur superbe énergie en pleine jeunesse. Je crois qu'ils auraient plus fait pour l'éducation des hommes, en s'efforçant d'acquérir et d'apporter des connaissances; et par la parole, l'écrit, l'éducation, l'invention, ils auraient pu faire évoluer des cerveaux.

Je connais un jeune anarchiste qui a failli se laisser aveugler par le banditisme: qui même s'est laissé entraîner à certaines actions qu'il regrette. Un jour il assiste à une véritable révélation scientifique. Son mental prend conscience de l'évolution substantielle des choses et des êtres. Il s'aperçoit que lui qui croyait tout savoir parce qu'avec des «copains» audacieux on paraphrasait des sentences narquoises, il s'aperçoit qu'il ne sait rien et que les «pontifes» étaient des imbéciles. Aujourd'hui, il regarde avec pitié ces pauvres têtes faibles qui se croient fortes parce qu'elles se laissent hypnotiser par quelques poseurs de l'anarchie, fiers de faire cénacle, et qui se croient des chefs parce qu'ils manifestent une volonté faite d'incompétence, têtue et brutale.

Maintenant que le mental de ce jeune homme s'est enrichi, qu'il est constitué d'atomes plus nombreux, plus vibrants, plus riches, ces suggestions malsaines ne pourront plus jamais pénétrer, pas plus que les doigts d'un éphèbe dans le biceps solide d'un athlète. Son mental est réceptif pour la science et le vrai; il est répulsif pour la phraséologie des vaniteux, des ambitieux et des arrivistes.

C'est à ce perfectionnement mental que coopère actuellement *l'Idée Libre*, et je crois les résultats déjà obtenus intéressants.

> «*Trop longtemps, écrit admirablement Lorulot, dans l'Idée Libre de décembre 1911, nous nous sommes contentés de répondre par des clichés pompeux ou par des phrases retentissantes. Nous pensons qu'il est temps de substituer aux formules abstraites et aux déclamations puériles, des conceptions basées sur les faits, l'expérience et la connaissance.*»

Ce que nous pouvons recevoir de l'Univers, ce que nous pouvons admirer et comprendre, marque, non pas les limites de cet Univers, mais le stade de notre évolution. La réalité est constamment agrandie par l'apparition et le développement des sens. Pour chaque être, la réalité est un rapport, une relation entre son organisation et les effets qui l'impressionnent. La vérité est toujours au-delà de ce qui pour nous est réel, car elle est au-delà de ce que nous révèle notre organisation qui n'a pas atteint les limites du perfectionnement. Nous nous rapprochons donc de la vérité, nous atteignons de plus en plus la réalité objective et certaine des choses en essayant de développer des sens et des facultés qui nous manquent. C'est ce qui se produit dans l'état merveilleux du somnambulisme. Cet état nous révèle un aspect invisible de la réalité. L'impondérable, l'éther devient luminescible, devient fluide éclairant pour l'être en somnambulisme, et par conséquent toutes les images qui vibrent dans ce fluide invisible, peuvent lui apparaître comme apparaissent à nos yeux les images matérielles des objets lointains lorsque la lumière physique, en les baignant, établit un rapport possible entre eux et nous.

Perfectionnons nos sens et surtout notre corps mental et nous pourrons voir et utiliser de plus en plus de forces. L'Univers ne peut rien ajouter à lui-même, c'est nous qui devons sans cesse développer des pouvoirs perceptifs en sensibilisant nos nerfs par l'entraînement, l'étude, l'isolement et la méditation, afin d'atteindre de lui une portion toujours plus étendue. Voilà pourquoi l'étude ou la conquête d'un sixième sens nous paraît un problème majeur.

ÉMILE HUREAU.

Milton Keynes UK
Ingram Content Group UK Ltd.
UKHW042227180324
439698UK00005B/521